AF356938

Sténo-Calcul

DE LA

Multiplication

OU

MÉTHODE ABRÉVIATIVE

POUR EFFECTUER

LA MULTIPLICATION

dans ses applications courantes

Commerce, Industrie, Banque, etc.

PAR

E. PIGNET
Licencié ès-Sciences Mathématiques
Professeur de Mathématiques

M. DECROIX
Comptable

AMIENS

IMPRIMERIE YVERT ET TELLIER

—

1906

PRÉFACE

Nous présentons aux personnes qui font souvent usage de la multiplication, une méthode qui permet d'effectuer très vite cette opération, au moins dans ses applications les plus usuelles.

Nous n'avons pas la prétention de produire une chose tout à fait nouvelle ; on pourra trouver l'idée de notre méthode appliquée à quelques cas particuliers, dans des arithmétiques commerciales, et elle n'est d'ailleurs qu'une façon spéciale et pratique d'appliquer la méthode connue d'Oughtred.

Il existe, en effet, de nombreux moyens de trouver le produit de deux nombres lorsque le multiplicateur a une forme remarquable telle que 11, 15, 19, 21, 25, 29, 31, 39, etc. Notre méthode présente sur toutes ces règles particulières, l'avantage d'être générale et elle mérite, à ce titre, sinon de remplacer les règles particulières, tout au moins de prendre place à côté d'elles.

En appliquant notre règle, le calculateur écrit directement le résultat, sans avoir à poser les produits partiels et à effectuer leur somme. Ces opérations qui sont distinctes dans la manière habituelle d'opérer se font, par notre procédé, simultanément et mentalement : on ne pose que les chiffres du produit.

Le calculateur fait ainsi une grande économie de temps, puisqu'il peut écrire le produit à la suite de l'opération indiquée sans être obligé, comme dans la méthode ordinaire, de transcrire les facteurs sur une feuille spéciale, d'écrire les produits partiels, d'en écrire aussi le total et de reporter ensuite ce total à la suite de l'opération indiquée.

Nous formulons une règle générale, mais voulant surtout être pratiques, nous en ferons comprendre le mécanisme, en appliquant notre règle à de nombreux exemples semblables aux cas les plus usuels des calculs commerciaux.

Notre méthode, étant générale, s'applique donc à des facteurs ayant un nombre quelconque de chiffres ; mais il est évident que plus les chiffres sont nombreux, plus l'application de notre méthode nécessite d'attention et d'exercice.

Sans avoir les aptitudes surprenantes et inexpliquées d'un Inaudi, on peut cependant arriver rapidement à une pratique suffisante pour opérer vite, économiser un temps précieux. et justifier ainsi le proverbe : *Time is money*.

Règle générale de la Multiplication

PRINCIPE

Le principe de la méthode est le calcul successif du produit ou des produits exprimant un même ordre.

ÉNONCÉ

Le multiplicateur est écrit à la droite du multiplicande.

On calcule d'abord les unités simples, puis les produits partiels exprimant des dizaines, ensuite ceux qui expriment des centaines, etc.

On totalise mentalement tous les produits partiels d'un même ordre dès leur formation.

Si le total ne dépasse pas 10, on l'écrit tel qu'on le trouve.

Si le total surpasse 10, on écrit son chiffre de droite et on retient l'autre chiffre ou le nombre formé par les autres chiffres pour l'ajouter au total des produits de l'ordre suivant.

CALCUL DES PRODUITS D'UN MÊME ORDRE

On distingue deux cas :

1° Calcul des produits d'un même ordre jusqu'aux produits de même ordre que l'ordre le plus élevé du multiplicande inclusivement.

On obtient le premier produit d'un ordre déterminé, les centaines par exemple, en multipliant le chiffre de même ordre du multiplicande, le chiffre des centaines, par le chiffre des unités simples du multiplicateur.

Pour obtenir les autres produits partiels du même ordre on multiplie entre eux, les chiffres qui se correspondent en allant de gauche à droite dans le multiplicande et de droite à gauche dans le multiplicateur.

On continue ainsi en totalisant les résultats dès qu'on les obtient, jusqu'à ce qu'on ait épuisé tous les chiffres de l'un des facteurs, multiplicande ou multiplicateur.

2° Calcul des produits d'ordre supérieur à l'ordre le plus élevé du multiplicande.

On obtient le premier de ces produits, en multipliant le chiffre de gauche du multiplicande par le chiffre des dizaines du multiplicateur ; on ajoute, à ce résultat, les produits des chiffres qui se correspondent, en allant de gauche à droite dans le multiplicande et de droite à gauche dans le multiplicateur, jusqu'à épuisement des chiffres de l'un des facteurs.

Pour les produits de l'ordre suivant, on multipliera le chiffre de gauche du multiplicande par les centaines du multiplicateur et on continuera comme il a été dit précédemment.

On continue ainsi pour les produits des ordres successifs, jusqu'à ce qu'on ait employé le dernier chiffre à gauche du multiplicateur.

APPLICATION

On distinguera dans l'application de la règle précédente deux cas principaux qui se subdiviseront en cas secondaires.

CAS PRINCIPAUX

1° Les facteurs sont des nombres entiers.

2° L'un des facteurs ou les deux facteurs sont des nombres décimaux.

CAS SECONDAIRES

Le premier cas : « les facteurs sont des nombres entiers », se subdivise en trois cas secondaires :

a) Tous les chiffres des facteurs sont différents de 0 ;

b) Les facteurs sont terminés par des zéros ;

c) Les facteurs contiennent un ou des zéros intercalés.

Le deuxième cas : « l'un des facteurs ou les deux facteurs sont des nombres décimaux » se subdivise en quatre cas secondaires :

d) Un seul facteur est un nombre décimal ; il contient au maximum autant de chiffres décimaux qu'il en faut, d'après l'approximation demandée pour le produit.

e) Un seul facteur est un nombre décimal ; il contient plus de chiffres décimaux qu'il n'en faut d'après l'approximation demandée pour le produit.

f) Les deux facteurs sont des nombres décimaux exacts, ayant ensemble un nombre de chiffres décimaux égal ou supérieur au nombre des chiffres décimaux correspondant à l'approximation demandée pour le produit.

g) Les deux facteurs sont des nombres incommensurables.

Dans la pratique, le calculateur est conduit à multiplier des nombres d'un chiffre et à additionner les résultats de plusieurs multiplications successives à mesure de leur formation.

Il est évident que le calculateur doit éviter toute longueur, et penser les résultats seuls, en supprimant les inutilités.

C'est ainsi, qu'à la vue des chiffres 4 et 9, il doit penser immédiatement leur prodruit 36, au lieu de se répéter 4 fois 9 font 36, ou 4 multiplié par 9 égale 36.

En un mot, le calculateur doit lire les résultats des produits sans les épeler : en voyant 4×9, il faut penser 36 comme en voyant les lettres **l, a,** on pense **la** sans épeler **l a, la.** De même, en pensant 23, 35, le calculateur doit les totaliser d'un seul jet et penser 58 : il pensera de même 58 et 17, 75.

Toutefois, lorsqu'il faudra ajouter à un nombre de deux ou trois chiffres, un autre nombre de deux chiffres, et que le total des unités des deux nombres est égal ou supérieur à 10, il sera bon d'ajouter, au premier nombre, successivement les dizaines et les unités du second.

Ainsi, pour ajouter les nombres pensés 56 et 37, on pourra penser successivement 86,93, en décomposant mentalement 37 en 30 et 7, ce qui, ajouté successivement à 56, conduit bien à 86, 93.

A ce résultat pensé 93, doit-on ajouter 49 ; on pensera 133,142 en décomposant mentalement 49 en 40 et 9.

On peut aussi conseiller au calculateur, surtout au début et dans les multiplications un peu longues, de marquer successivement d'un point, le chiffre du multiplicande par lequel il commence une série de produits d'ordre inférieur à l'ordre le plus élevé du multiplicande. De même, il marquera successivement d'un point, le chiffre du multiplicateur, par lequel il commence une série de produits d'ordre supérieur à l'ordre le plus élevé du multiplicande.

PREUVE

Il sera possible de s'assurer de l'exactitude d'une multiplication effectuée d'après la règle précédente en faisant usage de la preuve par 9, chaque fois que tous les chiffres du produit auront été écrits.

On verra plus loin, que dans le cas de la multiplication des nombres décimaux, il arrive fréquemment que des chiffres sont négligés ou modifiés : la preuve par 9 ne peut plus alors s'appliquer.

On vérifiera l'exactitude de l'opération par la méthode de l'inversion des facteurs.

L'inversion des facteurs est une façon de parler, car les facteurs ne seront pas déplacés, celui de gauche étant le multiplicande, et celui de droite, le multiplicateur.

L'inversion des facteurs consistera à rechercher les produits partiels en partant du multiplicande comme on était parti du multiplicateur.

Les exemples qui suivent feront suffisamment comprendre le mécanisme de la preuve.

La preuve, par inversion des facteurs, est indispensable lorsque des chiffres du produit ont été négligés ou modifiés et elle est très intéressante dans le cas où deux employés travaillent ensemble, l'un rédigeant les factures pendant que l'autre effectue les calculs indiqués au livre de débits. L'un d'eux pourra calculer les produits en partant du multiplicateur et l'autre en partant du multiplicande.

EXEMPLES

Pour bien faire comprendre le mécanisme de la méthode, les premiers exemples sont accompagnés d'un graphique.

Au-dessous de tous les chiffres des facteurs sont placés des traits verticaux. Ces traits sont reliés par des séries de flèches.

Chaque flèche unit les verticales des deux chiffres dont il faut faire le produit.

Toutes les flèches d'un même groupe indiquent la suite des produits d'un même ordre qu'on doit totaliser à mesure de leur formation : la dernière flèche de chaque groupe, suivie d'un point indique que le résultat obtenu, préala-

blement totalisé avec les précédents, doit être écrit totale-
ment, s'il est inférieur à 10 ou partiellement, s'il est égal ou
supérieur à 10, comme il a été dit précédemment.

Il est de toute évidence que ces graphiques sont destinés
à bien faire saisir le mécanisme de la méthode, mais le calculateur exercé saura vite s'en passer.

PREMIER CAS

Les facteurs sont des nombres entiers.

a) Tous les chiffres des facteurs sont différents de zéro.

C'est avec intention qu'on a prodigué les exemples
de ce premier cas, non seulement pour faire comprendre le mécanisme de la méthode, mais surtout pour montrer combien son usage est pratique dans les calculs courants du commerce, où le nombre des chiffres des facteurs
est, la plupart du temps, 2, 3 ou 4.

Facteurs de deux Chiffres

$$76 \times 48 = 3648$$

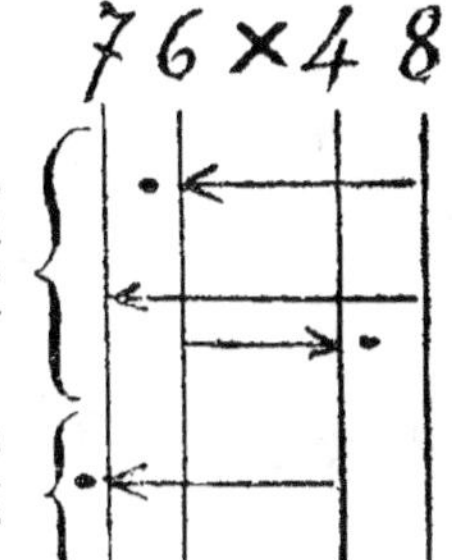

Produits d'ordre inférieur ou égal à l'ordre le plus élevé du multipli-cande.

Produit d'ordre supérieur à l'ordre le plus élevé du multiplicande.

Unités : On pense 48.
    On pose 8, on retient 4.

Dizaines : On pense 56, 60 (retenue
    précédente) puis 24, 84 ;
    on pose 4, on retient 8.

Centaines : On pense 28, 36 (retenue
    précédente)
    On pose 36.

PREUVE : On peut faire la preuve par 9, mais il est mieux
de recommencer l'opération en intervertissant les facteurs,
c'est-à-dire en partant du nombre de gauche ou multiplicande, comme on était parti du nombre de droite ou multiplicateur. Le premier produit d'un ordre quelconque s'obtient alors, en multipliant le chiffre de même ordre dans
le multiplicateur, par les unités du multiplicande ; les autres produits du même ordre, s'obtiennent en multipliant
les chiffres qui se correspondent en allant de gauche à
droite dans le multiplicateur et de droite à gauche dans le
multiplicande.

Preuve 7 6 × 4 8 = 3648

Produits d'ordre inférieur ou égal à l'ordre le plus élevé du multiplicateur.

Produit d'ordre supérieur à l'ordre le plus élevé du multiplicateur.

Unités : On pense 48.
On pose 8, on retient 4.

Dizaines : On pense 24, 28 (retenue précédente), puis 56, 84.
On pose 4, on retient 8.

Centaines : On pense 28, 36 (retenue précédente).
On pose 36.

Multiplicande trois Chiffres, Multiplicateur deux

6 2 4   8 5 = 53040

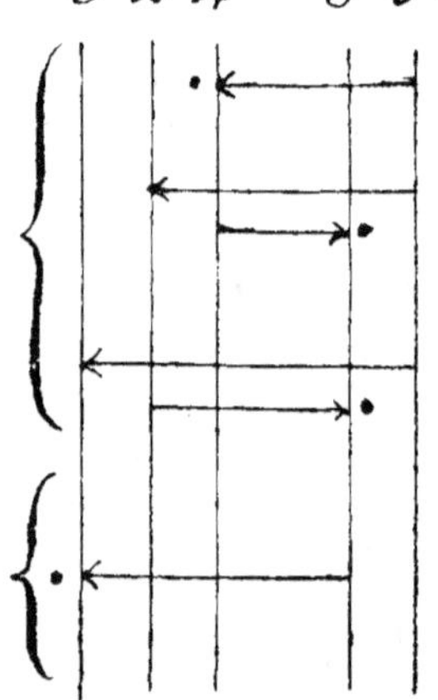

Produits d'ordre inférieur ou égal à l'ordre le plus élevé du multiplicande.

Produit d'ordre supérieur à l'ordre le plus élevé du multiplicande.

Unités : On pense 20.
On pose 0, on retient 2.

Dizaines : On pense 10, 12 (retenue précédente), puis 32, 44.
On pose 4, on retient 4.

Centaines : On pense 30, 34 (retenue précédente). puis 16, 50.
On pose 0, on retient 5.

Unités de mille : On pense 48, 53 (retenue précédente).
On pose 53.

Preuve 6 2 4   8 5 = 53.040

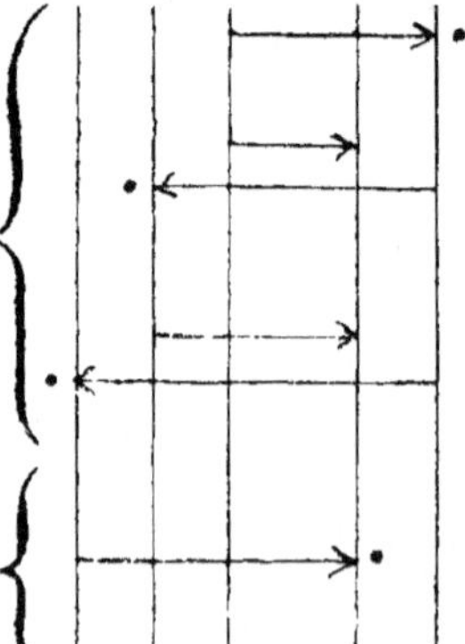

Produits d'ordre inférieur ou égal à l'ordre le plus élevé du multiplicateur.

Produits d'ordre supérieur à l'ordre le plus élevé du multiplicateur.

Unités : On pense 20
On pose 0, on retient 2

Dizaines : On pense 32, 34, (retenue précédente) puis 10. 44.
On pose 4, on retient 4

Centaines : On pense 16. 20 (retenue précédente) puis 30,50
On pose 0, on retient 5.

Unités de mille : On pense 48, 53 (retenue précédente)
On pose 53.

Multiplicande deux chiffres, multiplicateur trois

$$7\ 9 \quad 5\ 9\ 3 = 46.847$$

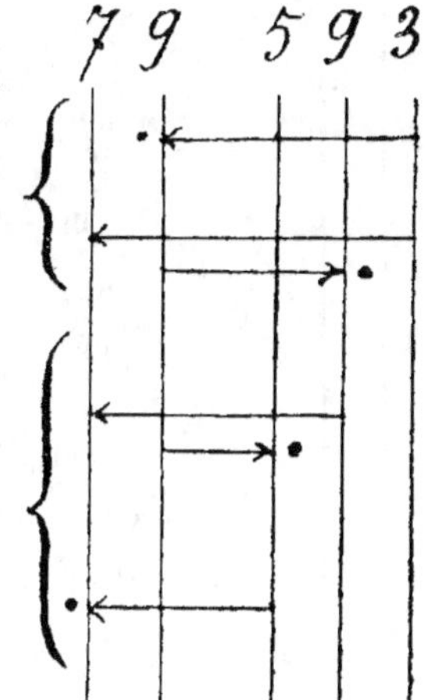

Produits d'ordre inférieur ou égal à l'ordre le plus élevé du multiplicande.

Produits d'ordre supérieur à l'ordre le plus élevé du multiplicande.

Unités : On pense 27
On pose 7, on retient 2

Dizaines : On pense 21, 23 (retenue précédente) puis 81 104
On pose 4, on retient 10

Centaines : On pense 63, 73 (retenue précédente) puis 45, 118
On pose 8, on retient 11

Unités de mille : On pense 35, 46, (retenue précédente)
On pose 46

Preuve $\quad 7\ 9 \quad 5\ 9\ 3 = 46.847$

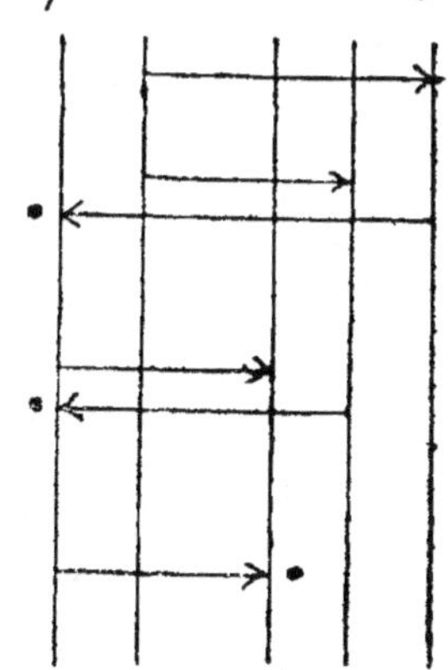

Produits d'ordre inférieur ou égal à l'ordre le plus élevé du multiplicateur.

Produit d'ordre supérieur à l'ordre le plus élevé du multiplicateur.

Unités : On pense 27.
On pose 7 et on retient 2.

Dizaines : On pense 81, 83 (retenue précéd.) puis 21, 104.
On pose 4, on retient 10.

Centaines : On pense 45, 55 (retenue précédente) puis 63, 118.
On pose 8, on retient 11.

Unités de mille : On pense 35, 46 (retenue précéd.).
On pose 46.

Multiplicande trois chiffres, multiplicateur trois chiffres

$$354 \times 627 = 221.958$$

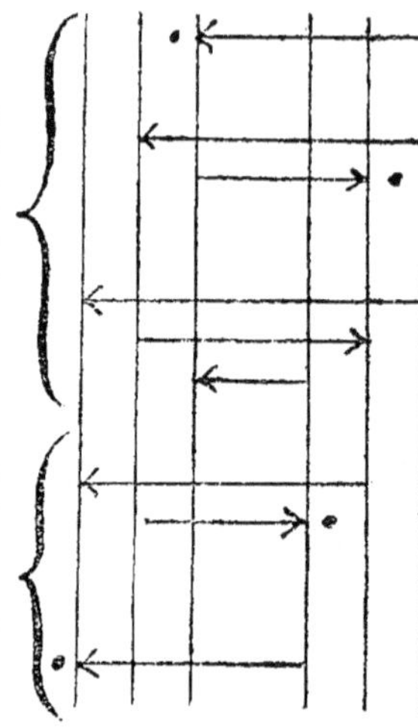

Produits d'ordre inférieur ou égal à l'ordre le plus élevé du multiplicande.

Produits d'ordre supérieur à l'ordre le plus élevé du multiplicande.

Unités : On pense 28.
On pose 8, on retient 2.

Dizaines : On pense 35, 37 (retenue précédente).
Puis 8, 45.
On pose 5, on retient 4.

Centaines : On pense 21, 25 (retenue précédente).
Puis 10, 35.
Puis 24, 59.
On pose 9, on retient 5.

Unités de mille : On pense 6, 11 (retenue précédente).
Puis 30, 41.
On pose 1, on retient 4.

Dizaines de mille : On pense 18, 22 (retenue précédente).
On pose 22.

Multiplicande quatre chiffres, multiplicateur trois.

$$7852 \times 346 = 2.716.792$$

Produits d'ordre inférieur ou égal à l'ordre le plus élevé du multiplicande.

Produits d'ordre supérieur à l'ordre le plus élevé du multiplicande.

Unités : On pense 12.
On pose 2, on retient 1.

Dizaines : On pense 30, 31 (retenue précédente).
Puis 8, 39.
On pose 9 et on retient 3.

Centaines : On pense 49, 51 (retenue précédente).
Puis 20, 71.
Puis 6, 77.
On pose 7, on retient 7.

Unités de mille : On pense 42, 49 (retenue précédente).
Puis 32, 79, 81.
Puis 15, 96.
On pose 6, on retient 9.

Dizaines de mille : On pense 28, 37 (retenue précédente).
Puis 24, 57, 61.
On pose 1, on retient 6.

Centaines de mille : On pense 21, 27 (retenue précédente).
On pose 27.

Multiplicande trois Chiffres, Multiplicateur quatre

$$5\ 6\ 9 \times 3\ 7\ 8\ 4 = 2.153.096$$

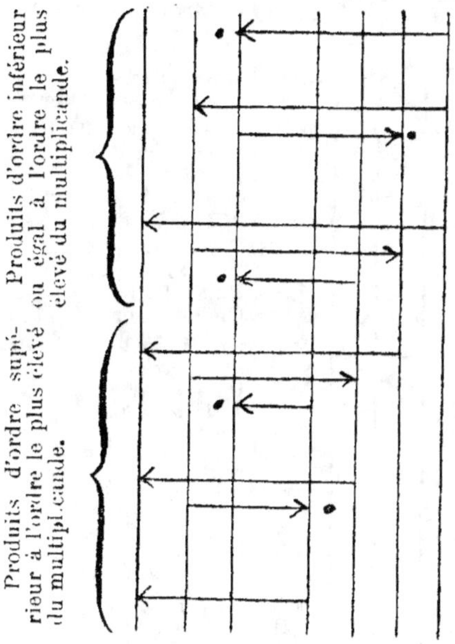

Unités : On pense 36.
On pose 6, on retient 3.

Dizaines : On pense 24, 27 (retenue précédente).
Puis 72, 99.
On pose 9, on retient 9.

Centaines : On pense 20, 29 (retenue précédente).
Puis 48, 77.
Puis 63, 137, 140.
On pose 0, on retient 14.

Unités de mille : On pense 40, 54 (retenue précédente).
Puis 42, 96.
Puis 27, 116, 123.
On pose 3, on retient 12.

Dizaines de mille : On pense 35, 47 (retenue précédente).
Puis 18, 65.
On pose 5, on retient 6.

Centaines de mille : On pense 15, 21 (retenue précédente).
On pose 21.

Preuve $5\ 6\ 9 \times 3\ 7\ 8\ 4 = 2.153.096$

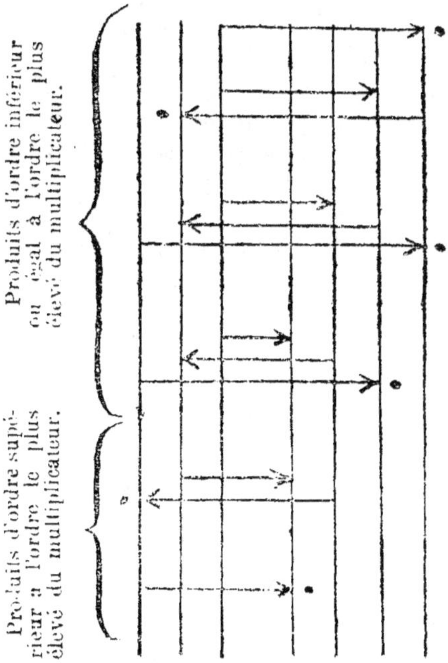

Unités : On pense 36.
On pose 6, on retient 3.

Dizaines : On pense 72, 75 (retenue précédente).
Puis 24, 99.
On pose 9, on retient 9.

Centaines : On pense 63, 72 (retenue précédente).
Puis 48, 112, 120.
Puis 20, 140.
On pose 0, on retient 14.

Unités de mille : On pense 27, 41 (retenue précédente).
Puis 42, 83.
Puis 40, 123.
On pose 3, on retient 12.

Dizaines de mille : On pense 18, 30 (retenue précédente).
Puis 35, 65.
On pose 5, on retient 6.

Centaines de mille : On pense 15, 21 (retenue précédente).
On pose 21.

Multiplicande et multiplicateur quatre chiffres

$$4732 \times 5689 = 26.920.348$$

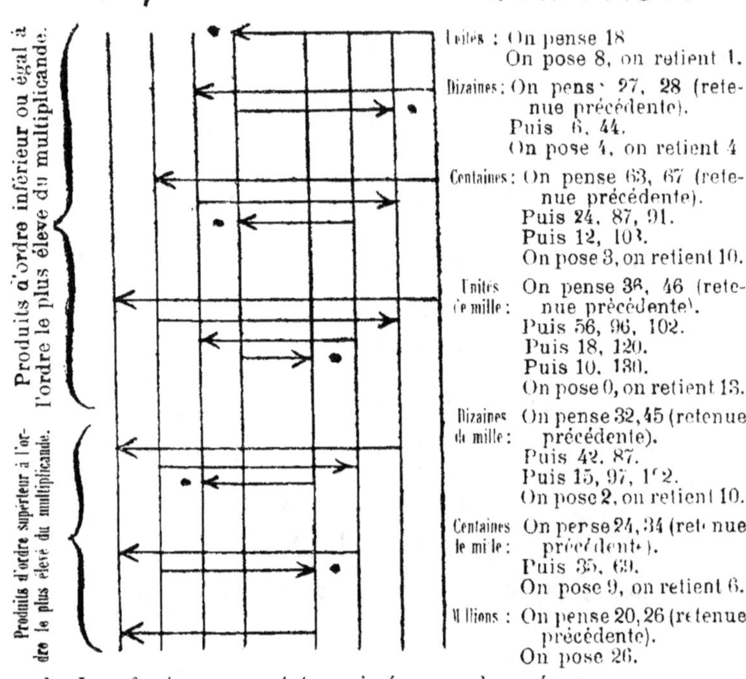

Unités : On pense 18
On pose 8, on retient 1.

Dizaines : On pense 27, 28 (retenue précédente).
Puis 6, 44.
On pose 4, on retient 4

Centaines : On pense 63, 67 (retenue précédente).
Puis 24, 87, 91.
Puis 12, 103.
On pose 3, on retient 10.

Unités de mille : On pense 36, 46 (retenue précédente).
Puis 56, 96, 102.
Puis 18, 120.
Puis 10, 130.
On pose 0, on retient 13.

Dizaines de mille : On pense 32, 45 (retenue précédente).
Puis 42, 87.
Puis 15, 97, 112.
On pose 2, on retient 10.

Centaines de mille : On pense 24, 34 (retenue précédente).
Puis 35, 69.
On pose 9, on retient 6.

Millions : On pense 20, 26 (retenue précédente).
On pose 26.

b) Les facteurs sont terminés par des zéros.

Lorsque l'un des facteurs ou les deux facteurs sont terminés par des zéros, on effectue la multiplication, sans tenir compte des zéros, puis on ajoute à la droite du produit, autant de zéros qu'il y en a dans les deux facteurs.

$$74200 \times 36000 = 2.671.200.000$$

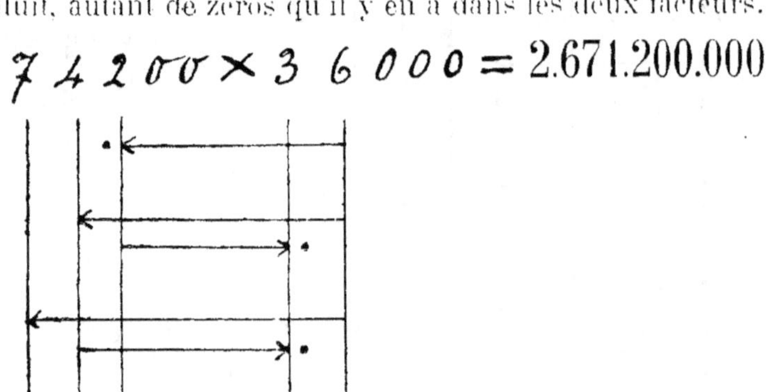

Dans les calculs commerciaux, le produit doit être écrit sur un papier réglé où la place des chiffres de chaque ordre est marquée. Il faut alors commencer par écrire à la droite de la place réservée à la partie entière du produit autant de zéros qu'en contiennent les deux facteurs. On opère ensuite, sans tenir compte des zéros, en continuant de poser les nouveaux résultats à la gauche des zéros déjà écrits.

c) Les facteurs contiennent des zéros intercalés.

Les zéros intercalés tiennent leur place comme les chiffres significatifs, mais il est évident que les produits où ils entrent comme facteurs sont nuls.

$$40702 \times 3007 = 122.390.914$$

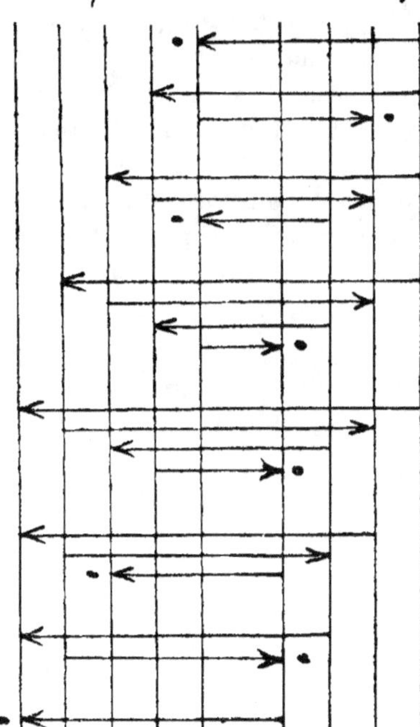

On pense 14, on pose 4, on retient 1.

On pense 1 (retenue précédente), on pose 1.

On pense 49, on pose 9, on retient 4.

On pense 4 (retenue précédente),
Puis 6, 10.
On pose 0, on retient 1.

On pense 28, 29 (retenue précédente).
On pose 9, on retient 2.

On pense 2 (retenue précédente).
Puis 21, 23.
On pose 3, on retient 2.

On pense 2 (retenue précédente), on pose 2.

On pense 12 : on pose 12.

Deuxième Cas

NOMBRES DÉCIMAUX

Le deuxième cas se subdivise en quatre cas secondaires. Le premier et le troisième de ces cas secondaires désignés par les lettres d, f, sont ceux qui présentent le plus d'intérêt au point de vue des calculs courants du commerce.

d) Un seul facteur est un nombre décimal ; il contient au maximum autant de chiffres décimaux qu'il en faut d'après l'approximation demandée pour le produit.

Ce premier cas des nombres décimaux est un de ceux qu'on rencontre le plus souvent dans la pratique.

C'est par exemple, le cas si fréquent où l'on cherche le prix d'un certain nombre d'unités, étant donné le prix de l'unité en francs et centimes.

On effectue alors la multiplication comme si les deux facteurs étaient entiers, puis on sépare à la droite du produit, autant de chiffres décimaux qu'en contient le facteur décimal.

$$638 \times 2,47 = 1575,86$$

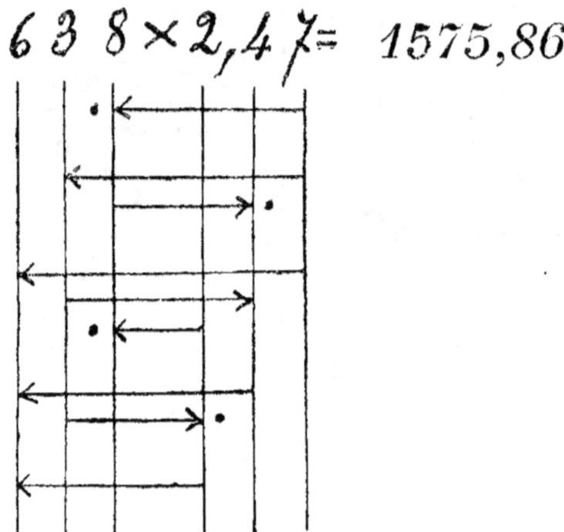

La preuve se fait soit par 9, soit par inversion des facteurs comme il a été dit aux nombres entiers.

Dans la pratique des affaires le produit doit être écrit immédiatement à sa place sur des papiers réglés à la façon commerciale, puisque le calculateur ne doit plus transcrire les facteurs sur une feuille spéciale.

Il est donc bon d'attirer l'attention sur les deux cas suivants.

Le facteur décimal contient autant de chiffres décimaux qu'il doit y en avoir au produit. On écrit le premier chiffre du résultat à la place qu'il doit occuper à la droite du réglage.

Le facteur décimal contient moins de chiffres décimaux qu'il en faut au produit. On écrit immédiatement un ou des zéros à la place des ordres décimaux manquants, puis on continue d'après la règle énoncée pour les nombres entiers.

Exemples :

Écrire les produits suivants sur papier commercial réglé au centième :

Effectuer le produit $638 \times 2,47$ à 1/100.......... 1575 86

> Le multiplicateur contenant des centièmes le premier chiffre du produit sera écrit immédiatement à la place réservée aux centièmes.

Effectuer le produit $27 \times 2,1$ 56 70

> Le produit partiel exprimant les centièmes n'existant pas, on écrit un zéro à la place des centièmes et on continue comme pour les entiers.

Effectuer le produit $39 \times 4,20$ 163 80

> Le zéro des centièmes du multiplicateur est reporté aux centièmes du produit et on continue comme pour les entiers.

Effectuer le produit $510 \times 3,5$ 1785 00

> Le produit partiel exprimant les centièmes n'existant pas, on écrit un zéro à la place des centièmes, puis un autre zéro puisque l'un des facteurs est terminé par un zéro.

Effectuer le produit $2300 \times 7,2$ 16560 00

> Le produit partiel exprimant les centièmes
> n'existant pas, on écrit un zéro à la place des
> centièmes, puis deux autres zéros puisque
> l'un des facteurs est terminé par deux zéros.

*Écrire les produits suivants sur papier commercial
réglé au millième :*

Effectuer le produit $34 \times 0,75$ 25 500

> Le produit partiel exprimant les millièmes
> n'existant pas, on écrit un zéro à la place
> des millièmes.

Effectuer le produit $117 \times 2,8$ 327 600
> On écrit d'abord deux zéros.

Effectuer le produit $210 \times 3,5$ 735 000

Effectuer le produit $3200 \times 4,2$ 13440 000

Effectuer le produit $47 \times 0,455$ 21 385

c) Un seul facteur est un nombre décimal ; il contient
plus de chiffres décimaux qu'il n'en faut d'après l'approximation demandée pour le produit.

En général ce cas n'est pas très intéressant au point de
vue purement commercial. On aura cependant, dans la
pratique, à calculer au centième le produit d'un nombre
entier par un facteur décimal contenant trois chiffres décimaux.

Soit par exemple à calculer à un centime près le produit
de 145 heures à 0 fr. 455 l'heure.

On opérera comme pour les entiers sans écrire le premier résultat et en plaçant le chiffre de droite du second
résultat, qui exprime des centimes, à la place réservée à
cet ordre sur le papier commercial.

EXEMPLES :

$145 \times 0,455 = 65,97$
$270 \times 0,355 = 95,85$

L'étude de ce même cas devient nécessaire pour les calculs autres que les calculs courants du commerce. On le

rencontre chaque fois qu'on est conduit à employer comme facteurs décimaux, soit des nombres exacts ayant une grande quantité de chiffres décimaux, soit des nombres à partie décimale périodique, soit enfin des nombres incommensurables.

Pour obtenir le produit avec une approximation donnée, le centième par exemple, on sépare, par un point, un nombre de chiffres décimaux égal au nombre correspondant à l'approximation demandé e (deux pour l'approximation au centième) augmenté du nombre des chiffres du facteur entier.

On effectue ensuite l'opération comme pour les nombres entiers ; toutefois, on n'écrit pas les premiers chiffres du résultat jusqu'à ce qu'on ait négligé d'écrire autant de chiffres qu'il y en a dans le facteur entier.

On aura ainsi le produit avec une erreur absolue par défaut inférieure à l'approximation demandée.

$$2,54\ 86\ 7\ 3 \times 8\ 5 = 216,63$$

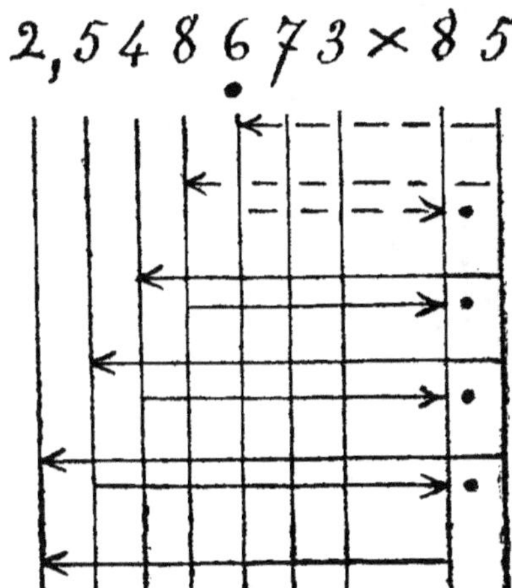

Produits dont on néglige d'écrire les résultats.

216,63 est le produit cherché avec une erreur absolue par défaut moindre que 1/100°. Le dernier des chiffres qu'on a négligé d'écrire, étant un 6, on pourrait aussi prendre 216 64, comme produit à 1/100° près. mais ici, le sens de l'erreur est inconnu.

PREUVE

Comme tous les chiffres du produit n'ont pas été écrits, il devient impossible de faire la preuve par 9. On fera donc la preuve, en recommençant l'opération en sens inverse, comme il a été dit au cas des facteurs entiers.

$$2,548\ 6\ 7\ 3 \times 8\ 5 = 216{,}63$$

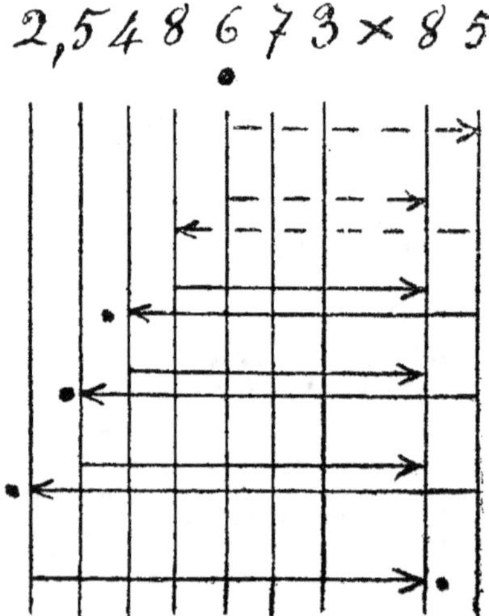

Produits dont on néglige d'écrire les résultats.

Il peut arriver que le facteur décimal contienne un nombre de chiffres décimaux inférieur au total des chiffres demandés, augmenté du nombre des chiffres du facteur entier.

En supposant qu'il manque deux chiffres au facteur décimal, on opèrera comme pour les entiers, mais le premier produit sera considéré comme le 3ᵉ résultat obtenu ; puis, on continuera l'opération en négligeant d'écrire un nombre de résultats égal au nombre des chiffres du facteur entier.

Calculer à 1/1000ᵉ près :

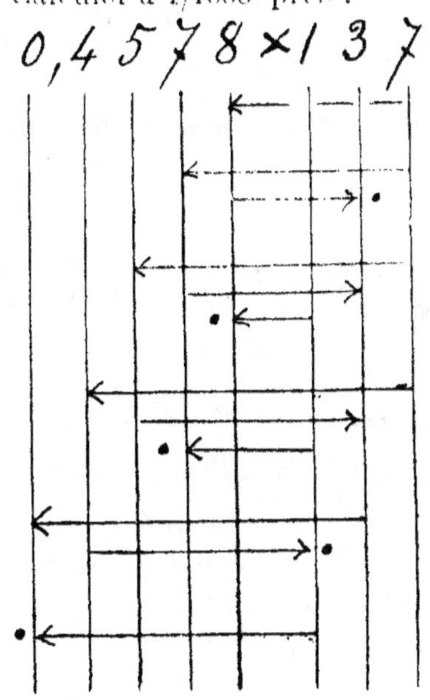

$$0,4578 \times 137 = 62,718$$

Premier produit considéré comme 3ᵉ résultat puisqu'il manque deux chiffres au facteur décimal.

f) Les deux facteurs sont des nombres décimaux exacts ayant ensemble un nombre de chiffres décimaux, égal ou supérieur au nombre des chiffres décimaux correspondant à l'approximation demandée au produit.

Si le cas précédent ne présente pas un intérêt considérable au point de vue des calculs courants du commerce, il n'en est plus de même du cas présent.

On le rencontrera chaque fois qu'on devra calculer à un centime près, le résultat d'opérations du genre des suivantes :

Trouver le prix de 45ᵐ7 à 2ᶠ3 le mètre.
        —   45,75 à 2,3   —
        —   45,7   à 2,35   —
        —   45,75 à 2,35   —
Trouver le prix de 6.400 unités à 18ᶠ2 le mille.
        —   6.430   —   à 18,2   —
        —   6.435   —   à 18,2   —
        —   6.435   —   à 18,25   —

Quand on a des marchandises énoncées en unités et estimées au mille, il est bon de séparer les mille des unités inférieures par un point on n'écrira donc pas 6430 unités mais 6.430. De même, si le nombre d'unités est inférieur à 1000, on remplacera les chiffres manquants par 1 ou 2 points. Cette remarque devient inutile si on fait usage de papier réglé verticalement de trois traits équidistants pour les unités, dizaines et centaines et d'un trait plus espacé pour les unités de mille.

Il est un autre ordre de questions usuelles où on trouvera fréquemment l'application du cas présent : c'est dans l'évaluation des surfaces et des volumes.

Les surfaces seront, en général, suffisamment connues, lorsqu'elles seront évaluées au centième de l'unité fondamentale ; ainsi, le décimètre carré ou $1/100^e$ du m² sera une approximation suffisante pour des surfaces estimées au m².

Pour l'évaluation des volumes, le décimètre cube, ou $1/1000^e$ du mètre cube, sera généralement une approximation suffisante.

Un volume étant obtenu par la multiplication de trois nombres exprimés au centième, il sera bon d'écrire toujours, en dernier lieu la plus petite dimension.

La surface exprimée par le résultat de la première multiplication sera calculée au $1/1000^e$, si la plus petite dimension est inférieure à l'unité de longueur.

La surface exprimée par le résultat de la première multiplication sera calculée au $1/10.000^e$, si la plus petite dimension est supérieure à l'unité.

En dehors des usages indiqués ci-dessus il en est un autre d'une très grande importance.

C'est la vérification des factures, des mémoires, des comptes établis par un service d'une maison et vérifiés par un autre service de la même maison.

Avec la présente méthode on peut s'assurer de l'exactitude des produits figurant dans une facture, un mémoire, un compte, sans perdre un temps considérable à recopier les facteurs de chaque produit et à refaire chaque opération.

Avant de montrer comment on opèrera dans le cas général, il est bon de voir les cas usuels du commerce où le nombre des chiffres décimaux contenus dans les deux facteurs est 2, 3 ou 4.

Dans la pratique, si le total des chiffres décimaux contenus dans les deux facteurs, ne surpasse pas de plus de deux unités le nombre des chiffres décimaux que doit contenir le produit, d'après l'approximation demandée, on effectue la multiplication sans tenir compte des virgules, en négligeant d'écrire le premier résultat, ou les deux premiers, suivant que le total des chiffres décimaux des facteurs, surpasse d'une unité ou de deux unités, le nombre des chiffres décimaux demandés au produit.

EXEMPLES :

Calculer à 1.100° près

$$34,27 \times 18,95 = 649,11.$$

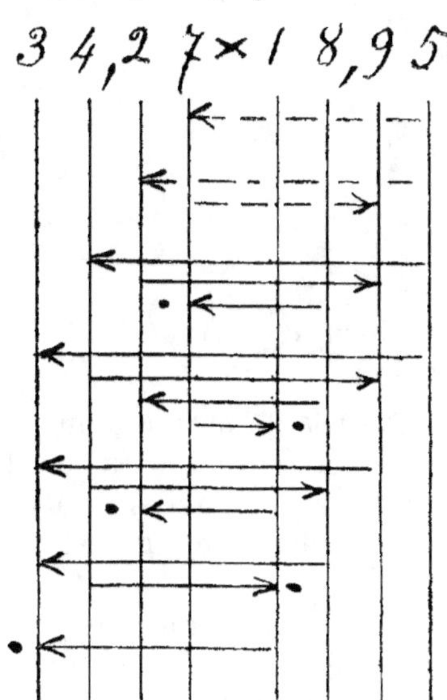

On néglige d'écrire les deux premiers résultats, le total des chiffres décimaux contenus dans les deux facteurs surpassant de 2 le nombre des chiffres décimaux demandés au produit.

$$34,27 \times 18,95 = 649,11.$$

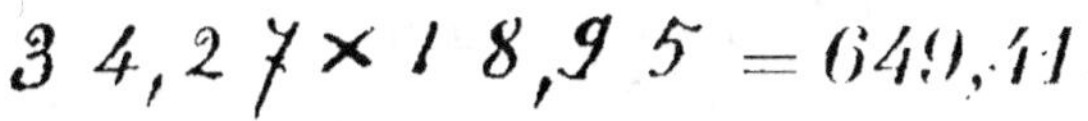

PREUVE

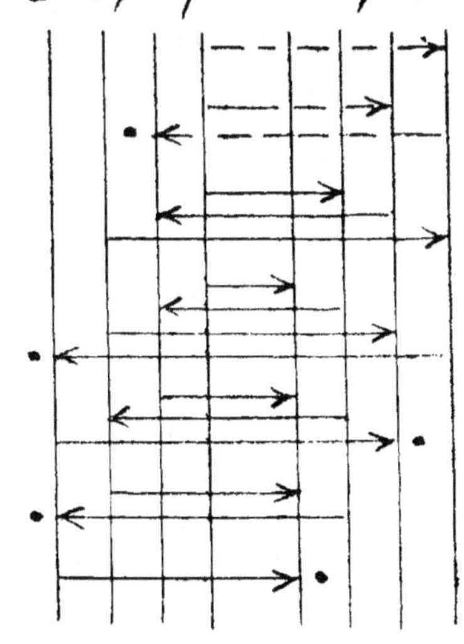

On néglige d'écrire les deux premiers résultats, le total des chiffres décimaux contenus dans les deux facteurs surpassant de 2, le nombre des chiffres décimaux demandés au produit.

Calculér à 1/100ᵉ près :

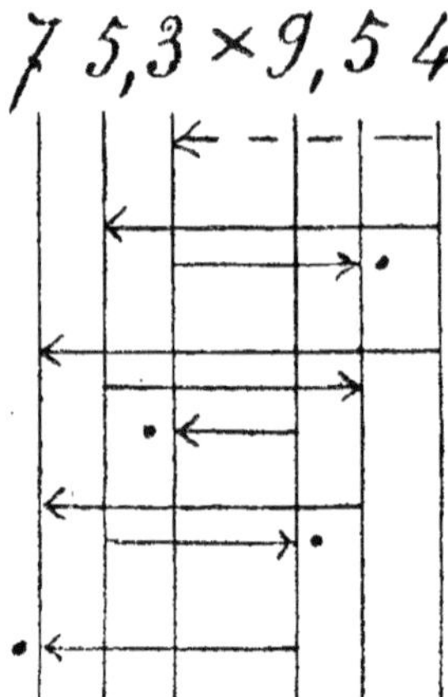

$$7\,5,3 \times 9,5\,4 = 718,36$$

Le premier résultat n'est pas éérit puisque le total des chiffres décimaux des facteurs surpasse seulement d'une unité le nombre des chiffres décimaux demandés au produit.

Si on calcule à 1/100ᵉ près, une série de produits qui doivent être ensuite *totalisés*, on pourra forcer d'une unité, dans chaque opération, la retenue correspondant au dernier chiffre négligé, si ce dernier chiffre négligé est 5 ou un chiffre supérieur à 5.

Si le produit exprimant des francs et centimes est *isolé*, on peut écrire 5 pour le chiffre des centimes lorsque le chiffre trouvé pour les centimes est l'un des chiffres 3, 4, 5, 6 ou 7 ; on peut écrire 0, si le chiffre trouvé pour les centimes, est l'un des chiffres 8, 9, 0, 1 ou 2 ; si on met 0 au lieu de 8 ou 9, le chiffre suivant doit être forcé d'une unité.

Calcul au 1/100ᵉ de produits devant être **totalisés**

Le total des chiffres décimaux est 2		On opère comme si les facteurs étaient entiers et on sépare deux chiffres décimaux à la droite du résultat.
$45,27 \times 36 = 1629,72$		
$25,3 \times 15,7 = 397,21$		
$63,4 \times 17,8 = 1128,52$		

Le Total des chiffres décimaux est 3, on opère comme si les facteurs étaient entiers en négligeant d'écrire le premier résultat.

$$51,317 \times 34 = 1744,78$$

au lieu de 1744,778.
on pense 28 en retenant 3 au lieu de 2.
on continue suivant la règle générale.

$25,37 \times 15,7 = 398,31$ ⟨ au lieu de 398,309.
on pense 49 en retenant 5 au lieu de 4.
on continue suivant la règle générale.

$46,3 \times 27,45 = 1270,94$ ⟨ au lieu de 1270,935.
on pense 15 en retenant 2 au lieu de 1.
on continue suivant la règle générale.

Le Total des chiffres décimaux est 4, on opère comme pour les nombres entiers, en négligeant d'écrire les deux premiers résultats.

$42,367 \times 18,5 = 783,79$ ⟨ au lieu de 783,7895.
on pense 35 en retenant 3.
on pense 30, 33, puis 56, 89,
    en retenant 9 au lieu de 8.
on continue suivant la règle générale.

$32,15 \times 27,37 = 879,95$ ⟨ au lieu de 879,9456,
on pense 35, en retenant 3.
on pense 7, 10, puis 15, 25.
    en retenant 3 au lieu de 2.
on continue suivant la règle générale

Le Total des chiffres décimaux est 5 : trois au multiplicande et deux au multiplicateur.

On commence par la multiplication du chiffre des centièmes du multiplicateur par le chiffre des centièmes du multiplicande, on continue ensuite suivant la règle générale, en négligeant d'écrire les deux premiers résultats.

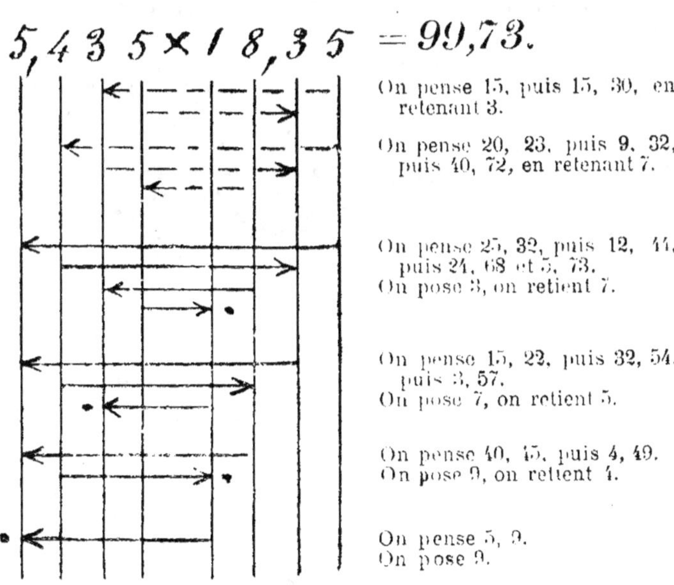

On pense 15, puis 15, 30, en retenant 3.

On pense 20, 23, puis 9, 32, puis 40, 72, en retenant 7.

On pense 25, 32, puis 12, 44, puis 24, 68 et 5, 73.
On pose 3, on retient 7.

On pense 15, 22, puis 32, 54, puis 3, 57.
On pose 7, on retient 5.

On pense 40, 45, puis 4, 49.
On pose 9, on retient 4.

On pense 5, 9.
On pose 9.

$$5,4\ 3\ 5 \times 1\ 8,3\ 5 = 99,73$$

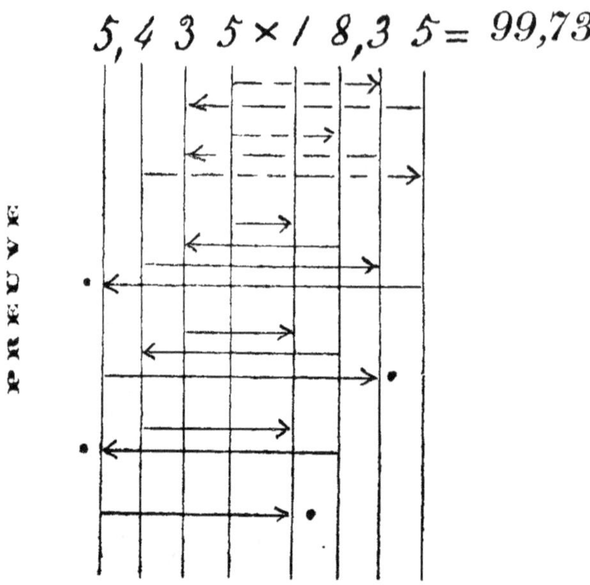

Calcul de produits à compter isolément

$45,7 \quad \times \quad 2,3 \quad = 105,10$ — Au lieu de 105,11,
On pense 21, on pose 0 au lieu de 1.
On retient 2 et on continue suivant
la règle générale.

$45,75 \quad \times \quad 2,3 \quad = 105,20$ — Au lieu de 105,225,
On pose 15 en retenant 1.
On pense 21, 22, puis 10, 32.
On pose 0 au lieu de 2, on retient 3.
On continue suivant la règle géné-
rale.

$45,78 \quad \times \quad 2,3 \quad = 105,30$ — Au lieu de 105,294,
On pense 24, en retenant 2.
On pense 21, 23, puis 16, 39.
On pose 0, en retenant 4 au lieu de 3.
On pense 15, 19, puis 14, 33.
On pose 3, on retient 3.
etc., etc.

$45,75 \quad \times \quad 2,5 \quad = 114,35$ — Au lieu de 114,375.
On pense 25, on retient 2.
On pense 35, 37, puis 10, 47.
On pose 5 au lieu de 7, on retient 4.
On continue suivant la règle géné-
rale.

$5,437 \times 23,4 = 127,25$ ⟩ Au lieu de 125,2258.
On pense 28, en retenant 2.
On pense 12, 14, puis 21, 85.
On retient 4 au lieu de 3.
On pense 16, 20, puis 9, 29, puis 14, 43.
On pose 5 au lieu de 3, on retient 4.
On continue suivant la règle générale.

$5,437 \times 33,45 = 181,85$ ⟩ Au lieu de 181,87.
On pense 15, 28, 43, en retenant 4.
On pense 20, 24, puis 12, 36, puis 21, 57.
On retient 6 au lieu de 5.
On pense 25, 31 ; 16, 47 ; 9, 56 ; 21, 77.
On pose 5 au lieu de 7, on retient 7.
On continue suivant la règle générale.

Il peut arriver qu'on ait à multiplier, en dehors des calculs courants du commerce, des nombres décimaux exacts, contenant un total de chiffres décimaux, supérieur de plus de deux unités au nombre de chiffres décimaux correspondant à l'approximation demandée.

On opérera toujours comme pour les nombres entiers, en commençant par la série de produits exprimant deux ordres décimaux inférieurs à celui qui correspond à l'approximation demandée ; les deux premiers résultats ne seront pas écrits, et on séparera à la droite du produit autant de chiffres décimaux que le produit doit en contenir.

Cela revient à dire qu'on calculera toujours deux chiffres décimaux de plus qu'il n'en faut.

Si le multiplicateur a moins de chiffres qu'on ne doit en calculer au produit, on prend à la droite des unités du multiplicande, autant de chiffres décimaux qu'il en manque au multiplicateur. On débute par la série de produits commençant par la multiplication du chiffre ainsi obtenu au multiplicande, par le chiffre de droite du multiplicateur. On opère ensuite sans tenir compte des virgules en négligeant d'écrire les deux premiers résultats, et en séparant, à la droite du produit, le nombre de chiffres décimaux demandés.

EXEMPLE :

Calculer à 1/1000ᵉ près :

$$65,17843 \times 5,43$$

Le produit étant demandé au millième, c'est-à-dire avec trois chiffres décimaux, on en cherchera cinq.

Le multiplicateur ne contenant que deux chiffres décimaux, on en prendra trois dans le multiplicande, et on débutera par la série de produits commençant par 8×3.

$$65,17843 \times 5,43 = 353,918$$

Si le multiplicateur a plus de chiffres décimaux qu'on n'en demande au produit, on prend dans la partie entière du multiplicande à la gauche du chiffre des unités, autant de chiffres que le multiplicateur en a de trop.

La première série de produits partiels, commence par la multiplication du chiffre auquel on s'est arrêté dans le multiplicande par le chiffre de droite du multiplicateur.

EXEMPLE :

Calculer à 1/100ᵉ près :

$$8432,65 \times 2,578327 = 21.742,12$$

Le produit étant demandé au centième, c'est-à-dire avec deux chiffres décimaux on en cherchera quatre.

Le multiplicateur contient six chiffres décimaux, c'est-à-dire deux de trop ; on prend deux chiffres dans la partie entière du multiplicande, à la gauche des unités et on débute par la série de produits commençant par 4×7.

Enfin, il peut arriver que la partie entière du multiplicande ne contienne pas assez de chiffres pour qu'on puisse opérer, comme il vient d'être dit.

Alors, on débutera par la série de produits commençant par la multiplication du chiffre de gauche du multiplicande, par un chiffre du multiplicateur choisi de telle sorte que le produit exprime toujours le centième de l'approximation demandée ou contienne deux chiffres de plus qu'on n'en demande.

On obtiendra le chiffre du multiplicateur, en prenant à la droite du chiffre de ses unités, un nombre de chiffres décimaux égal au nombre des chiffres à calculer au produit, augmenté du nombre des chiffres de la partie entière moins un, si le multiplicande a une partie entière ou diminuée du rang occupé à droite de la virgule décimale, par le premier chiffre significatif du multiplicande, si ce dernier n'a pas de partie entière.

Calculer à $1/10^e$ près par défaut :

$$25,19843 \times 5.268723.$$

Le produit étant demandé au $1/10^e$, c'est-à-dire avec un chiffre, on en calculera trois. Pour cela, on prendra à la droite des unités du multiplicateur, quatre chiffres décimaux, c'est-à-dire le nombre de chiffres décimaux à calculer au produit, plus le nombre des chiffres de la partie entière du multiplicande, diminué d'une unité.

On débutera par la série de produits commençant par $2 \times \tilde{7}$.

Calculer à $1/100^e$ près par défaut :

$$0,09843 \times 5.278623 = 0,51$$

Le produit étant demandé au centième, c'est-à-dire avec deux chiffres décimaux, on en calculera quatre.

Pour cela, on prendra à la droite du multiplicateur, deux chiffres décimaux, c'est-à-dire le nombre des chiffres qu'il faut calculer au produit diminué de deux, puisque le premier chiffre du multiplicande, qui n'a pas de partie entière, est au deuxième rang à droite de la virgule décimale.

On débutera par la série des produits commençant par $9 \times \tilde{7}$.

f.   *Les deux facteurs sont des nombres incommensurables*

Si les deux facteurs sont incommensurables, on débute par la série de produits, commençant par la multiplication du chiffre de gauche du multiplicande par un chiffre choisi dans le multiplicateur, de telle sorte que le produit exprime toujours le centième de l'approximation démandée ou contienne deux chiffres de plus qu'on n'en demande.

Le chiffre du multicateur sera choisi comme il vient d'être dit.

1er EXEMPLE :

Calculer à 1/1000e près :

$$3,14159265 \times 3,14159265 = 9.869$$

Le produit étant demandé au 1/1000e, c'est-à-dire avec trois chiffres décimaux, on en calculera cinq. Pour cela, on prendra, à la droite des unités du multiplicateur cinq chiffres décimaux, c'est-à-dire simplement le nombre des chiffres à calculer au produit, puisque la partie entière du multiplicande n'a qu'un chiffre.

On débutera par la série de produits commençant par 3×9.

2e EXEMPLE :

Calculer à 1/1000e près :

$$135,817\,817\,817 \times 23.416\,416\,416 = 3180.366$$

Le produit étant demandé au millième, c'est-à-dire avec trois chiffres décimaux, on en calculera cinq.

Pour cela, on prendra à la droite des unités du multiplicateur, sept chiffres décimaux, c'est-à-dire le nombre des chiffres à calculer au produit, plus le nombre des chiffres de la partie entière du multiplicande diminué d'une unité.

On débutera par la série de produits commençant par 1×4.

3e EXEMPLE :

Calculer à 1/10.000^e près :

$$0,0035413541354 \times 15,614614 = 0.0552$$

Le produit étant demandé au 1/10.000^e, c'est-à-dire avec quatre chiffres décimaux, on en calculera six.

Pour cela, on prendra à la droite des unités du multiplicateur, trois chiffres décimaux, c'est-à-dire le nombre des chiffres à calculer au produit diminué de 3, rang du premier chiffre significatif du multiplicande à droite de la virgule décimale.

NOTE I.

La méthode qui vient d'être exposée peut être comparée à la méthode d'Ougthred.

Dans l'application de la règle d'Ougthred les facteurs sont disposés de telle sorte que les produits partiels obtenus, en faisant successivement usage des chiffres du multiplicateur, se terminent toujours à leur droite par un chiffre exprimant le même ordre décimal.

Dans la méthode qui fait l'objet de cette brochure, on effectue successivement tous les produits partiels de deux chiffres exprimant le même ordre décimal ; on les totalise dès leur formation pour écrire immédiatement le chiffre correspondant du produit.

Au fond les produits de deux chiffres formés dans les deux méthodes sont les mêmes ; il n'y a de différence que dans l'ordre de formation.

Pour la pratique, cette différence est de la plus grande importance, puisqu'elle permet au calculateur d'écrire directement le résultat de l'opération et de vérifier cette opération, le tout, sans transcrire ni déplacer les facteurs. L'application de la règle d'Ougthred oblige au contraire le calculateur à transcrire les facteurs en changeant l'ordre des chiffres du multiplicateur. Pour faire la preuve, le calculateur doit écrire une seconde fois les facteurs en changeant alors l'ordre des chiffres du multiplicande, devenu cette fois le multiplicateur.

EXEMPLE :

Calculer à 1/100e près le produit 65,436 × 17,851.

En opérant d'après la méthode qui vient d'être exposée on a pour l'opération et pour la preuve :

$$65,436 \times 17.851 = 1168.09$$

En suivant la règle d'Ougthred on a :

OPÉRATION	PREUVE
65,43600	17,85100
15871	63456
6543600	10710600
4580520	892550
523488	71404
32715	5355
654	1068
1168,0977	1168,0977

Le degré d'approximation établi dans le cas de la règle d'Ougthred s'applique aussi à la nouvelle façon d'opérer.

NOTE II.

Procédé infaillible pour vérifier l'Addition

On peut vérifier l'exactitude d'une addition en partant de l'axiome : *Si d'un tout on retranche successivement toutes ses parties, le reste est nul.*

En retranchant successivement de la somme à vérifier le total des ordres de même espèce, en allant de gauche à droite, on devra finalement tomber sur le reste zéro.

On débute par la colonne de gauche que l'on totalise ; le résultat obtenu est retranché du nombre d'unités de même espèce contenues dans la somme à vérifier. S'il y a un reste, on place mentalement à sa droite le chiffre suivant de la somme à vérifier, puis du nombre ainsi formé on retranche le total de la seconde colonne en partant de la gauche.

A la droite du nouveau reste on place mentalement le chiffre suivant de la somme à vérifier, et du nombre ainsi formé on retranche le total de la troisième colonne. On continue ainsi jusqu'à ce qu'on soit arrivé aux unités simples, dont le total retranché des unités simples restant de la somme à vérifier doit donner comme reste zéro.

Dans l'application de cette preuve, il n'est pas nécessaire de changer le sens de l'addition dans chaque colonne ; l'addition ayant été faite de haut en bas, il n'est pas nécessaire de recommencer de bas en haut.

Le changement de sens ne présente d'intérêt que pour la colonne des unités simples, puisque c'est la seule où on doive retrouver le même résultat, soit dans l'opération, soit dans la preuve.

La preuve de l'addition des nombres décimaux se fait de la même manière, en poursuivant jusqu'à la dernière colonne de droite.

Il faut remarquer que, dans cette façon de faire la preuve, il n'y a pas de retenue à reporter d'une colonne à la suivante. Ce qui est une simplification et une diminution de fatigue, surtout dans les longues additions.

EXEMPLE :	PREUVE. — 1re colonne à gauche : on dira 4, 11
4 1 8 2	ôté de 13 reste 2. A la droite de cette retenue, 2,
6 8	on joint le chiffre 0 qui suit dans la somme à
8 7 1	vérifier, on forme ainsi le nombre 20 qu'on retient.
4	2me colonne en partant de gauche : on dira 1,9
6 1	et 17 ôté de 20, précédemment retenu, reste 3. A
7 8 5 4	la droite de cette retenue, 3, on joint le chiffre 4
———	qui suit dans la somme à vérifier, on forme ainsi
1 3 0 4 0	le nombre 34 qu'on retient.

3ᵐᵉ colonne en partant de la gauche : on dira 8, 14, 21, 27 et 32 ôté de 34, retenu précédemment, reste 2. A la droite de cette retenue, 2, on joint le chiffre 0 qui suit dans la somme à vérifier, on forme ainsi le nombre 20 qu'on retient.

4ᵐᵉ colonne, en partant de la gauche : on dira *en allant de bas en haut* : 4, 5, 9, 10, 18, 20 ôté de 20 retenu précédemment, reste zéro. L'addition est bonne.

NOTE III.

QUELQUES CONSEILS PRATIQUES

Façon d'écrire les chiffres. — On ne saurait trop recommander aux comptables l'importance de l'écriture des chiffres.

Les chiffres liés entre eux ou déformés de toute autre manière peuvent être mal lus, ce qui est susceptible d'entraîner des erreurs d'autant plus graves qu'elles sont plus difficiles à découvrir.

Que d'erreurs évitées, que de temps épargné si tous les calculateurs écrivaient leurs chiffres en les isolant bien et en leur donnant toujours une même hauteur et une même forme simple, dépourvue de tout ornement calligraphique.

Modèle de chiffres écrits :

$$1234567890$$

Longues additions. — Les longues additions sont fréquentes en comptabilité et les comptables savent combien le calcul en est absorbant et fatigant, surtout lorsque le total des chiffres d'une colonne dépasse quelques centaines.

On peut procéder de la façon suivante :

Au début de l'opération on ferme la main gauche, puis on commence à totaliser les chiffres de la première colonne, jusqu'à ce qu'on arrive à un total égal à 50 ou compris entre 50 et 59 inclusivement.

Il faut alors lever le pouce de la main gauche, ce doigt levé représente cinquante.

Si le total était juste 50, on recommence à totaliser à partir du chiffre suivant. Si le total dépassait 50, le surplus est ajouté au chiffre suivant et on continue ainsi de 50 en 50, en levant un doigt à chaque fois que le total dépasse cinquante.

et on continue ainsi de 50en 50, en levant un doigt à chaque fois que le total dépasse cinquante.

On peut aller ainsi jusqu'à 250, passé ce chiffre la main est complètement ouverte, on peut néanmoins continuer jusqu'à 500 en fermant un doigt chaque fois qu'on rencontre une nouvelle période de 50.

Le dernier total est par exemple 37 et il y a 3 doigts levés, le résultat réel est donc 150 et 37 soit 187. On pose 7 et on retient 18 pour le début de colonne suivante.

Le dernier total est par exemple 37 et la main après avoir été ouverte a maintenant trois doigts fermés ce qui représente 400 le total de la colonne estdonc 437 on pose 7 et on retient 43 pour débuter à la colonne suivante.

Addition de nombres placés horizontalement

Il est bon en terminant ces quelques conseils de recommander aux comptables de s'exercer à additionner deux ou plusieurs nombres quelconques écrits sur une même ligne horizontale.

Cette manière d'opérer devient une preuve chaque fois, par exemple, que l'employé d'une caisse centrale doit totaliser, par jour et par mois, les recettes de plusieurs caisses particulières.

Les recettes journalières des caisses particulières sont inscrites sur une même ligne horizontale, tandis que, pour une même caisse toutes les recettes du mois sont dans une même colonne verticale.

A la fin de chaque mois, l'employé totalise pour chaque caisse particulière les recettes journalières, il obtient ainsi une série de nombres écrits sur une même ligne horizontale. Le total de tous ces nombres doit être égal à celui que l'employé obtient en additionnant les recettes journalières de l'ensemble des caisses particulières.

Pour obtenir les recettes journalières des caisses particulières, l'employé est amené à faire une série d'additions dont les nombres sont écrits horizontalement.

TABLE DES MATIÈRES